（宋）蘇軾 撰

明成化本東坡七集

第二四册

國家圖書館出版社

第二四冊目録

東坡續集十二卷（卷第一）

重刊明成化本東坡七集

乾	二	
隆	十	
南	[illegible]	年

寶華盦刻

東坡續集目録

第一卷

古詩一百六十五首

諸宫　出峽
神女廟　巫山
觀大水望朝陽岩作　滄州亭懷古
柏家渡　清遠舟中寄耘老
書堂嶼　次履常臘梅韻
醉睡者　戲詠子舟畫兩竹鸜鵒
老翁井　贈山谷子
觀子玉郎中草聖　鰒魚行
次韻水官詩　吊徐德占
題李伯時淵明東籬圖　李白謫仙詩

第二卷

絶句一百五十三首

再次前韻三首

和人回文五首

次韻黎寥詠雪

嵇紹似康

移合浦郭公甫見寄

過太行

惠州一絶

送佛面杖與羅浮長老

過子以山芋作玉糝羹

次韻功父觀余畫雪鵲有感二首

寄郭功父觀余舊畫雪鵲

復官北歸再次前韻

儋耳四絶句

蜀僧明操思歸龍丘子書壁

酌菩薩泉送王子立

舉舊詩次今韻呈曇秀

答海上翁

占山亭

寒具　　叅寥惠楊梅
雨夜宿淨行院　　送惠州監押
過黎君郊居　　贈王覯
太夫人以無咎生日置酒　　次韻伯固可復開鏡湖
名伯梵行寺山茶　　奉和成伯兼戲禹功
洗兒　　病後醉中
戲劉監倉求米粉餅二首　　夢中絕句
次韻元翰少卿惠龍團　　藏春塢三首
謝都事惠米　　擷菜
別公擇　　絕句

第三卷

追和陶淵明詩引

和時運

和勸農

和停雲

和歸田園居六首

五月旦日作和戴主簿

酬劉柴桑

與殷晋安別

和王撫軍座送客

和荅龐參軍

形贈影

影荅形

神釋

怨詩示龐主簿鄧治中

九日閑居

和移居二首

歲暮作和張常侍

和郭主簿二首

示周縁祖謝和游學舍

和荅龐參軍

和連雨獨飲二首　和贈羊長史
和乞食　和胡西曹示顧賊曹
和兒子過同遊斜川　和己酉歲九月九日
和癸卯歲懷古田舍二首　和飲酒二十首
和止酒　還舊居和夢歸白鶴山居
和始作鎮軍參軍經曲阿　和庚戌歲西田穫早稻
和丙辰歲下潠田舍穫　和乙巳歲爲建威參軍
還江陵夜行途中作口號　和詠二踈
和詠三良　和詠荆軻
和讀山海經十三首　和雜詩十一首

第五卷
書簡一百九十八首

與巢元脩　與千乘姪
與蒲傳正　與子明兄
與子安兄　與王元直
荅圓通秀禪師　荅寶月大師三首
荅趙昶晦之四首　與蹇序辰四首
荅濠州陳章朝請二首　與徐得之十首
荅程彝仲推官二首　荅君瑞殿直
與景倩　與趙仲脩
與人二首　與孟亨之
與何聖可　與毛維瞻

第六卷

與潘彥明
與開元明師五首
荅王定國三首
荅靈鷲遵老二首
荅楊元素
與楊康功
荅姚秀才三首
荅王慶源二首
荅潘彥明二首
與子安兄二首
與鄉人
與潘彥明四首
與王慶源二首
荅佛印禪師
與王文甫
與運判應之
與范子功二首
與知縣十首
與人二首
與張正己

與浴室用公　與張元明二首
與家復禮　答劉元忠三首
答王慶源　與引伴高麗練承議三首
與潘彦明二首　與程懿㧾二首
答聞復上人　與趙德麟二首
與大覺禪師璉公二首　與大别才老三首
與承天明老五首　與佛印禪師三首
與孫正孺二首　與王元直
答王聖美　答青州張秘校
與王慶源之子　與王正夫朝奉二首

荅楊禮先三首

與潮守王朝請滁二首

與吴子野

荅龜山長老四首

與佛印禪師二首

荅王定國二首

與趙德麟二首

與辨才禪師

荅叅寥二首

與汪道濟二首

與范純父侍郎二首

與明父權府提刑

與孔毅父二首

與范純夫四首

荅趙德麟二首

與人三首

與范子功四首

荅李方叔六首

荅潘彦明

與鞠持正二首

答張嘉父　答徐得之二首

答吴秀才

第七卷

書簡一百八十首

答參寥三首　答南華辯禪師五首

答王商彦　與程天侔七首

與程正輔提刑二十四首　與廣東提舉蕭大夫二首

答王敏仲四首　與范純父

與蕭朝奉　答王莊叔二首

與循守周文之二首　與封守朱朝請二首

與朱行中舍人六首　與歐陽晦夫

荅陳承務二首　荅南華明老三首

荅錢濟明三首　荅蘇伯固三首

與錢志仲三首　與劉器之

與寇君　與人二首

與宋漢傑二首　與胡郎仁脩三首

與外生柳閎　與人二首

荅虔人王正彦先生　與程德孺運使三首

荅清涼長老　荅錢濟明三首

荅廖明略二首　荅孔毅夫二首

第八卷

論三十二首

論秦　論魯隱公

論隱公里克李斯鄭小同王允之

論管仲　論孔子

論周東遷　論范蠡伍子胥大夫種

論商鞅　論封建

論始皇漢宣李斯　論項羽范增

論好德錫之福　論鄭伯克段于鄢

論鄭伯以璧假許田　論取郜大鼎于宋

論齊侯魏侯胥命于蒲　論禘于太廟用致夫人

論閏月不告朔猶朝于廟　論用郊

南省説書十道
左傳三道　穀梁四道
公羊三道
易解
奏議九首
郊祀奏議　論時政狀
辨謗劄子　縣榜
舉黄庭堅自代狀　舉劉景文狀
舉趙德麟狀　赴英州乞舟行狀
奏乞封太白山神狀

治道二首

道德　刑政

表狀五首

代晉盜王賀冬表　謝御膳表

代滕達道景靈宮奉安表　上皇帝賀冬表

上皇太后賀正表

擬作

代侯公說項羽辭　擬孫權荅曹操書

制誥

元祐元年九月六日明堂赦文　元祐三年六月德音赦文

樂語六首

第十卷

頌九首

醉僧圖頌

贊五十首

李端叔傳神贊　三笑圖贊

李西平畫贊　醉吟先生畫贊

夢作司馬相如求畫贊　東莞資福寺再生柏贊

題三國名臣贊　忠懿王贊

李伯時所畫沐猴馬贊　文與可枯木贊

救月圖贊　如來出山相贊

畫佛贊　廣惠禪師真贊

篆般若心經贊　畫西方阿彌陀佛贊

銘三十四首

孔毅甫鳳咮石硯銘　魯直所惠洮河石硯銘
故人王頤自然端硯銘　楊次公家浮磬銘
裙靴銘　周文煥瓢硯銘
王定國硯銘二首　雪浪石盆銘
谷菴銘　德威堂銘
文勛篆銘　𧄶枯骨銘
卓錫泉銘　㧐榔菴銘
石塔戒衣銘　衆寥泉銘
夕庵銘　何公橋銘
廣心齋銘

十二琴銘

震陵孤桐　香林八節

虢鍾　玉磬

松風　古媧黃

南風　歸鶴

秋風　漁根

九州璜　天球

唐陸魯望硯銘　天石硯銘

惠州李氏潛珍閣銘

啓六十三首

賀王發運啓

第十一卷

書三十七首

上神宗皇帝書　上皇帝書

代張方平諫用兵書　上皇帝書

上韓魏公乞葬董傳書　與劉宜翁書

上王兵部書　上王刑部書

與佛印禪老書　謝歐陽内翰書

謝范舍人書　上梅龍圖書

上荆公書　上韓樞密書

箴一首

黄岡饒星舫影寫陶子麟摹鐫

東坡續集卷第一

古詩

靈上訪道人不遇

花光紅滿欄草色綠無岍不逢青眼人長歌白石澗

送淡公二首

燕本氷雪骨越淡蓮花風五言雙寶刀聯響高飛鴻
翰苑錢舍人詩韻鏗雷公識本不識淡仰詠嗟無窮
清韻生物表朗玉傾壷中常於泠竹坐相語道意冲
崧洛興不薄稽江事難同明日若不来我作黄石翁
何以兀其心為君學虛空

坐重青草公意合滄海濱渺渺獨見水悠悠不聞人
鏡浪洗手滌翦花入心春雖然防外觸眼前遶衣新
行當譯文字慰此吟慇懃

北歸次韻

秋風捲黃落朝雨洗滌淨人貪歸路好節近中原正
下嶺獨徐行艱難一作嶮未敢忘遙知姝孫子已致魯
諸生

上韓持國

韓氏三虎秉樞極中有一虎似偉節端居隱几學無
心夙駕入朝常正色犯時獨行太嵔壘回天不忌真

藥石輦致歸来荷二聖推排使至有衆力吾儕小人但飽飯不有君子何能國西湖醉卧春水船如何為人作豐年

送别

鴨頭春水濃如染水面桃花弄春臉衰翁送客水邉行沙襯馬蹄烏帽點昂頭問客幾時歸客道秋風落葉飛繫馬緑楊開口笑傍山依約見斜暉

琴枕

清畔作金徽素齒為玉軫響泉竟何用金帶常苦窘斕斑漬珠淚宛轉堆雲鬒君若安七絃應彈卓氏引

黄州

南山一尺雪雪盡山蒼然澗谷深自暖梅花應已繁使君厭騎從車馬留山前行歌招野叟共步青林間長松得高蔭盤石堪醉眠衹樂聽山鳥携琴寫幽泉愛之欲忘返但苦世俗牽歸来始覺遠明月高峰顛

常山贈劉鎡

劉侯年少日駿馬拊便面援弓鴈自落不待白羽貫

古風

精神洞元化白日昇高旻俯仰凌倒景龍行速如神半道過紫府弭節聊逡巡金床設寶几璀璨明月珎

仙者二三子眷然骨肉親飲我霞石盃放盃恍如春
遂朝玉虛上冠劍班列眞無端拜失儀放弃令自新
雲霄難遽返下土多埃塵淮南守天庭嗟我復何人

遊杭州山

山平村塢迷野寺鍾相荅晚陰失林莽（一作抄）落日猶
在塔行招兩社僧共步青山月送客渡石橋迎客出
林樾幽尋本眞性往事聽徐說錢王方壯年此邦事
輕俠鄉人鄙貧賤異類識英傑立石像興王遺址今
岌嶪功勳三吴定富貴四海甲歸来父老藏崇高畏
傾（一作輕）壓詩人工譏病此欲恣挑抉流傳後世人談

笑資口舌是非今已矣興廢何倉卒持歸問禪翁笑指浮漚沒

遊三遊洞遊洞之日有亭吏乞詩既為留三絶句於洞之石壁明日至峽州吏又至意若未𣅜乃復以此授之

一徑遶山翠縈紆去似蛇忽驚溪水急爭看洞門呀滑磴攀秋蔓飛橋踏古槎三扉迎北吹一穴向西斜歎息煙雲去追思歲月遐唐人昔未到古俗此為家洞暖無風雪山深富麂猳相逢衣盡草環坐髻應髽竃突依巉黑樽罍就石窪洪荒無傳記想像在犧媧

此事今安有遺蹤我獨嗟山翁勸留句強為寫搓牙

穆父新涼

家居妻兒號出仕猿鶴怨未能逐什一安敢搏九萬

常恐攖櫟身坐纚冠蓋蔓受恩如負債粗報乃焚劵

但知眠牛衣寍免刺虎圈清風来既雨新稻香可飯

紫鰲應已肥白酒誰能勸君今崔蔡手政比張趙健

三公行可致一語自先獻幸推江湖心遣我魚鳥頓

無題

引手攀紅櫻紅櫻落如線仰首看紅日紅日走如箭

年光與時景頃刻互衰變何當血肉身安得常強健

人心苦執迷，富貴憂貧賤。憂色常在眉，歡容不上面。吾今頭半白，把鏡非不見。惟應花下盃，更待他人勸。

十一月三日與幾先自竹西来訪慶老不見獨與君卿供奉蟠知客東閣道話久之

惠州追録

卷卷長廊走黃葉，席簾垂地香烟歇。主人待来終不来，火紅銷盡灰如雪。

古意

兒曹鞭笞學官府，翁憐兒癡旁笑侮。翁出坐曹鞭復呵，賢於群兒能幾何。兒曹鞭人以為戲，公怒鞭人血

流地等為戲劇誰復先我笑為翁兒更賢

次子由詩相慶

我似老牛鞭不動雨滑泥深四蹄重汝如黄犢却走
来海闊山高百程送庶幾門户有八慈不恨居隣無
二仲他年汝曹笏滿床中夜起舞踏破甕會當洗眼
看騰躍莫惜癡腹笑空洞譽兒雖是兩翁癖積德已
自三世種豈惟萬一許生還尚恐九十煩珎從六子
晨耕簞瓢出衆婦夜緝燈火共春秋古史乃家法詩
筆離騷亦時用但令文史還照一作路世糞土腐餘安
足夢

用定國韻贈二十姪震

衡門老苔蘚行栢千兵屯開樽邀落日未對烏鳥言清風舉吹籟散亂書秩翻傳呼一何急人馬從車奔貧居少賓客隣婦窺籬藩墻頭過春酒綠泛田家盆比来伏青蒲坐挺白獸樽王猷修潤色亦有簿領煩朝廷貴二陸屢聞天語温猶能整筆陣媿我非韓孫

正輔既見和復次前韻慰鼓盆勸學佛

稚川信一作真長生少從鄭君游孝章偶不死免為文舉憂餘齡會有遇一作適獨往豈相攸由来警露鶴不羨撮蚤鶹頗加視後鞭同駕躅空輈寍殮脫齒堇勿

憶齊眉羞何時遂縱壑歸路同首丘東岡松柏老西嶺橘柚秋着意尋彌明長頸高結喉無心逐定遠燕頷飛虎頭君方卒功名一泛范蠡舟我亦霑霈渥漸觧鍾儀囚寍須張子房萬戸自擇留猶勝嵇阮夜孤憤甘長幽南圂可寄傲北山早歸耰此語君勿疑老彭跨商周

聞潮陽吴子野出家

子昔少年日氣蓋里閭侠自言似劇孟叩門知緩急千金已散盡白首空四壁烈士歎暮年老驥悲伏櫪妻孥真弊屣脫棄何足惜四大猶幻塵衣冠矧外物

一朝發無上願老靈山宅世事子如何禪心久空寂
世間出世間此道無兩得故應入枯槁習氣要除拂
丈夫生豈易趣舍志匪石當為師子吼佛法無南北

呂倚夢得承事借示古今書一軸作詩代

跋尾倚年八十一

楊雄老無子馮衍終不遇不識孔方兄但有靈照女
家藏古今帖墨色照箱筥飢来據空案一字不堪煮
枯腸五千卷磊落相撑拄吟為蜩蛩聲時有島可句
為語里長者德齒敬已古如翁有幾人薄少可時助

補唐文宗柳公權聯句

人皆苦炎熱我愛夏日長薰風從南来殿閣生微涼
一為居所移苦樂永相忘願言均此施清陰分四方
宋玉對楚王此獨大王之雄風也庶人安得而
共之譏楚王知己而不知人也柳公權小子與
文宗聯句有美而無箴故為足成其篇云

食檳榔

月照無枝林夜棟立萬礎眇眇雲間扇蔭此九月暑
上有垂房子下繞絳刺禦風欺紫鳳卵雨暗蒼龍乳
裂色一墮地還以皮自煮北客初未諳勸食俗難阻
中虛畏泄氣始嚼或半吐吸津得微甘著齒隨亦苦

面目太嚴冷滋味絶媚嫵誅彭勳可策推轂勇宜賈
瘴風作堅頑導利時有補藥儲固可爾果録詎用許
先生失膏粱便腹委敗鼓日啖過一粒腸胃為所侮
蟄雷殷臍腎藜藿腐亭午書燈看膏盡鉦漏歷歷數
老眼怕少睡竟使赤眥努渴思梅林嚬飢念黄獨舉
柰何農經中收此困羈旅牛舌不餉人一斛肯多與
乃知見本偏但可酬惡語

古離別送蘇伯固

三度別君来此別真遲暮白盡老髭鬢明日淮南去
酒罷月隨人淚濕花如霧後夜逐君還夢繞湖邊作一

江南路

次韻魯直書伯時畫王摩詰

前身陶彭澤後身韋蘇州欲覓王右丞還向五字求
詩人與畫手蘭菊芳春秋又恐兩皆是分身來入流

試筆

子石如琢玉遠煙真削黳入我病風手玄雲渰淒淒
是中有何好而我喜欲迷既似蠟屐阮又如鍛柳嵇
醉筆得天全宛宛天投蜺多謝中書君伴我此幽棲

雷州八首

白髮坐鉤黨南遷瀕海州灌園以糊口身自雜蒼頭

籬落秋暑中碧花蔓牽牛誰知把鋤人舊日東陵侯

荔子無幾何黃柑遞如許遷臣不惜日恣意移寒暑

層巢俯雲木信美非吾土草芳自有時鶗鴂何關汝

下居近流水小巢依嶺岑終日數椽間但聞鳥遺音

爐香入幽夢海月明孤斟鷦鷯一枝足所恨非故林

培塿無松柏駕言此焉游讀書與意會却掃可忘憂

尺蠖以時屈其伸亦非求得歸良不惡未歸且淹留

粤嶺風俗殊有疾皆勿藥東帶趍房祀用史巫紛若

絃歌薦繭栗奴至洽觴酌呻吟殊未央更把雞骨灼

粤女市無常所至輒成區一日三四遷處處售鰕魚

青裙脚不韈臭味猿與狙孰云風土惡白洲生緑珠
海康臘已酉不論冬孟仲殺牛撾鼓祭城郭為傾動
雖非堯舜曆自我先人用苦笑荆楚人嘉平臘雲夢
舊時日南郡野女出成羣此去尚應遠東風已如雲
蚩氓託絲布相就通殷懃可憐秋胡子不遇卓文君

五色菊贈朱遜之次韻

黄華候秋節遠自夏小正坤裳有正色鞠衣亦令名
一從人僞勝遂與天力爭易性偶一作寓非族改顔隨
所令新奇既易售稡駁宜一作定相傾疾惡逢伯厚識
真似淵明君言我所印世論誰敢評頥君為霜風一

洗紫與頳

妬佳月

狂雲妬佳月怒飛千里黑佳月了不嗔曾何汙潔白
爰有謫仙人舉酒為三客今夕偶不見汍瀾念風伯
毋煩風伯来彼也易滅沒支頤少待之寒空淨無迹
粲粲黃金盤獨照一天碧玉繩慘無輝玉露洗秋色
浩瀚玻瓈琖和光入胸臆使我能永延約君為莫逆

追和沈遼須贈南華詩

善哉彼上人了知明鏡臺歡然不我厭肯致遠公材
莞爾無心雲胡為出岫来一堂安寐滅卒歲扃蒼苔

夢雪

殘杯失春温破被生夜悄開門千山白俯仰同一照
雖時出圭角固自絶瑕縈兒童勿驚怪調汝得一笑

雪林硯屏率魯直同賦

西山無時春巉巖鎖頑陰分明倚天壁點綴無風林
物固爲人出興誰於此深窮奇眞自轟詩句且娛心

次韻黄魯直赤目

誦詩得非子夏學紬史正作丘明書天公戲人亦薄
相略遣幻翳生明珠賴君年來屏鮮腴百千燈光同
一如書成自寫蠅頭表端就君王覓鏡湖

寄子由

吾謫海南子由謫雷被命即行了不相知至梧乃聞其尚在藤也旦夕當追及作詩以示之

九疑聯綿屬衡湘蒼梧獨在天一方孤城吹角煙樹裡落月未落江蒼茫幽人拊枕坐歎息我行忽至舜所藏江邊父老能說子白鬚紅頰如君長莫嫌瓊雷隔雲海聖恩尚許遥相望平生學道眞實意豈與窮達俱存亡天其以我爲箕子要與此意留要荒他年誰與作地志海南萬里眞吾鄉

廣州何道士衆妙堂

湛然無觀古眞人我獨觀此衆妙門夫物芸芸各歸根衆妙一作中得一道乃存道人晨起開東軒趺坐一醉扶桑暾餘光照我玻瓈盆倒射窓几清而温欲收月魄飡日魂我自日月誰吐使一作吞

南屏謙師妙於茶事自云得之於心應之於手非可以言傳學到者十月二十七日聞軾遊壽星寺遠来設茶作此詩贈之

道人曉出南屏山来試點茶三昧手忽驚午琖兎毫斑打作春甕鵝兒酒天台乳花世不見玉川風腋今安有東坡有意續茶經會使老謙名不朽

琴枕

中郎不眠仰看屋得此古椽圍尺竹輪囷濩落非笛材破作細琴徽軫足流傳幾處到淵明卧枕綸巾酒初漉鷰鸞鷰別鶴誰復聞鼻息齁齁自成曲

申王畫馬圖

天寶諸王愛名馬千金爭致華軒下當時不獨玉花驄飛電流雲絶瀟灑兩坊岐薛寧與申憑陵内廐多清新肉駿汗血盡龍種紫袍玉帶眞天人驪山射獵包原隰御前急詔穿圍入楊鞭一麾破霜蹄萬騎如風不能及鷹飛兎走驚弦開翠華按轡從天回五家

錦繡變(一作遍)山谷百里爲餌遺纖埃青騾蜀棧兩(一作西)
超忽高準濃娥散荆棘田首追風趂日飛(一作首蓿連天鳥自飛)
五陵佳氣春蕭瑟

奉和成伯大雨中會客解嘲

樂事難并真實語坐排用意多乖誤興来取次或成
懽瓦鉤却勝黄金注我生禍患久不擇肓為一時風
雨阻天公變化豈有常明月行看照歸路

和公濟飲湖上

昨夜醉歸還獨寢曉来宿雨鳴孤枕扁舟小棹截湖
来正見青山駮雲錦須知老人興不淺莫學公榮不

共飲與君歌舞樂豐年唤取千夫食陳廩

贈僧

道人自嫌三世將棄家十年今始壯玉骨猶含富貴餘漆瞳已照人天上去年相見古長干衆中矯矯如翔鸞今年過我江西寺病瘦已作霜松寒朱顔不辦供歲月風月蒿火湯中雪好問君家黄面翁乞得摩尼照生滅莫學王郎與支遁臂鷹走馬憐神駿還君畫圖君自收不如木人騎土牛

周教授索枸杞因以詩贈録呈廣倅蕭大夫

鄴侯藏書手不觸嗟我嗜書終日讀短檠照字細如毛怪底昏花懸兩目扶衰賴有王母杖名字於今掛仙録荒城古塹草露寒碧葉叢低紅蕤粟春根夏苗秋著子盡付天隨恥充腹蘭傷桂折緣有用爾獨何損丹其族贈君慎勿比薏苡採之終日不盈掬外澤中乾非爾儔斂藏更借秋陽曝雞壅桔梗一稱帝堇也雖尊等臣僕時復論功不汝遺異時謹事東籬菊

次韻董夷仲茶磨

前人初用茗飲時煮之無問葉與骨寖窮厥味臼始用復計其初碾方出計盡功極至於磨信哉智者能

創物破槽折杵向墻角亦其遭遇有伸屈歲久講求知處所佳者出自衡山窟巴蜀石工強鐫鑿理疎性軟良可咄予家江陵遠莫致塵土何人為披拂

送公為遊淮南

負米萬里緣其親運甓無度憂其身讀書莫學流麥士挾策莫比亡羊人廼翁辛苦到白首汝今強勉當青春昔時管鮑以君覇此兩士貫盈非貧

謝蘇自之惠酒

高士例須憐麴糵此語嘗聞退之說我今有說殆不然麴糵未必高士憐醉者墜車莊生言全酒未若全

於天達人本自不尉缺何暇更求全處全景山沉迷
阮籍傲畢卓盜竊劉伶顛貪狂嗜怯無足取世俗喜
異矜其賢杜陵詩客尤可笑羅列八子參群仙流涎
露頂置不說為問底處能逃禪我今不飲非不飲心
月皎皎長孤圓有時客至亦為酌琴雖未去聊忘絃
吾宗先生有深意百里雙罌遠將寄且言不飲固亦
高舉世皆同吾獨異不如同異兩俱冥得鹿亡羊等
嬉戲決須飲此勿復辭何用區區較醒醉

西山戲題武昌王居士

予往在武昌西山九曲亭上有題一句玄鴻橫

號黃檞峴九曲亭即吴王峴山一山皆檞葉其
旁即元結陂湖也黃花極盛因為對云皓鶴下
浴紅荷湖坐客皆笑同請賦此詩
江干高居堅關扃犍耕躬稼角掛經篙竿繫舸菰茭
隅笳鼓過軍雞狗鶩鮮襟顧景各箕踞擊劍賡歌幾
舉觥荊筓供膾愧攬聒乾鍋更戛甘瓜羹

戲和正甫一字韻

故居劍閣隅錦官柑果薑蕨交荊菅奇孤甘掛汲古
綆僥覬敢揭鈎金竿已歸耕稼供槀桔公貴幹蠱高
巾冠改更句格各蹇吃姑因狡獪加間關王方平謂麻姑云姑

因少年吾老矣不復作此狡獪變化也

池上二首

小池新鑿會天雨一部鼓吹從何来有蟾正碧亂草色時洇出沒東南隈井幹跳梁亦足樂洞庭魚龍何有哉能歌德覈莫入月清池與爾俱忘回

不作太白夢日邊還同樂天賦池上池上新年有荷葉細雨魚兒噞輕浪男兒學易不應舉幽人一爻吾得尚此池便可當長江欲傍茅齋来蕩漾

贈仲素寺丞致仕歸隱潛山

潛山隱君七十四紺瞳綠髮方謝事腹中靈液變丹

砂江上幽居連福地彭城為我駐三日明月滿舟同一醉丹書細字口傳訣顧我沉迷真棄耳年年来四十鬓蒼蒼始欲求方救憔悴他年若訪潛山居愼勿逊人改名字

魯直以詩餽雙井茶次韻為謝

江夏無雙種奇茗汝陰六一誇新書磨成不敢付僮僕自看雪湯生幾珠列仙之儒瘠不腴只有病渇同相如明年我欲東南去畫舫何妨宿太湖歸田録草茶以雙井為第一畫舫宿太湖北渚貢茶故事

揚州以土物寄少游

鮮鯽經年秘醽醁團臍紫蟹脂填腹後春蓴茁活如酥先社薑芽肥勝肉鳧子纍纍何足道點綴盤飧亦時欲淮南風俗事瓶罌方法相傳竟留蓄且同千里寄鵝毛何用孜孜飫麋鹿

贈曇秀

白雲出山初無心棲鳥何必戀山林道人偶愛山水故縱步不知湖嶺深空巖已禮百千相曹溪更欲瞻道像要知水味孰冷暖始信夢時非幻妄袖中忽出貝葉書中有辟月匡星珠人間勝絕略已遍匡廬南嶺并西湖西湖北望三千里大堤冉冉横秋水誦師

佳句說南屏瘴雲應逐秋風靡胡為只作十日歡杖策復尋歸路難留師筍蕨不足道悵望荔子何時丹

再過泗上二首

眼明初見淮南樹十客相逢九吳語旅程已付夜帆風客睡不妨背船雨黃柑紫蟹見江海紅稻白魚飽兒女慇懃買酒謝船師千里勞君勤轉艣

繫舟淮北兩折軸繫舟淮南風斷橋客行有期日月疾歲事欲晚霜雪驕山根浪頭作雷吼縮手敢試舟師篙不用燃犀照幽怪要須拔劍斬長蛟

贈李兕彥威秀才

魏王大瓠實五石種成濩落將安適可憐公子持十
牛海上三年竟何得先生少負不羈才從軍數到單
于臺天山直欲三箭取白衣將軍何人哉夜逢怪石
曾飲羽戲中戟枝何足數誓將馬革裹尸還肯學班
超苦兒女封侯衛霍知幾許老矣先生困羇旅酒酣
聊復說平生結襪猶堪一再鼓棄書捐劍學萬人紈
袴儒冠皆誤身窮途政似不龜手與世羞為西子顰
如今惟有談天口雲夢胸中吞八九世間萬事寄黃
粱且與先生說烏有

次韻謝子高讀淵明傳

枯木嵌空微黯淡古器雖在無古絃袖中正有南風
手誰為聽之誰為傳風流豈落正始後甲子不數義
熙前一山黄菊平生事無酒令人意缺然

龐公

襄陽龐公少檢束白髮不髠亦不俗世所奔趍我獨
棄我已有餘彼不是處門有月樹下行虎溪無風舟
上宿不識當時捕魚客但愛長康畫金粟杜口如今
不復言龐公為人、不曲局東西有人問老翁為道明
燈照華屋五言七言正兒戲三行五行亦偶爾我性
不飲只觧醉正如春風弄群卉四十年来同幻事老

去何須別思智古人不住亦不滅我今不作亦不止
寄語悠悠世上人浪生浪死一埃塵洗墨無池筆無
冢聊爾作戲悅吾神

送呂行甫司門倅河陽

結交不在久傾蓋如平生識子今幾日送別亦有情
子生公相家高義久崢嶸天才既超詣世故亦屢更
譬如追風驥豈免羈與纓念我山中人久與麋鹿并
誤出掛世網舉動俗所驚歸田雖未果已覺去就輕
河陽豈云遠出處恐異程便當從此別有酒無徒傾

食雞

雄雉曳脩尾驚飛向日斜空中紛格鬬綵羽落如花喧呼勇不顧投網復誰嗟百錢得一雙新味時所佳烹煎雜雞鶩爪距漫槎牙誰知化爲蜃海上落飛鴉

雙鳧觀 在葉縣

王喬古仙子時出觀人寰常爲漢郎吏厭世去無還雙鳧偶爲戲聊以驚世頑不然神仙迹羅網安能攀紛紛塵埃中銅印紆青綸安知無隱者竊笑彼愚姦

郭綸 綸本河西弓箭手屢戰有功不賞自黎州都監官滿貧不能歸今權嘉州監稅

河西猛士無人識日暮津亭閱過船路人但覺驄馬

瘦不知鐵槊大如椽因言西方久不戰截髮願作萬
騎先我當憑軾與寓目看君飛矢射蠻氊

初發嘉州

朝發鼓闐闐西風獵畫旆故鄉飄已遠往意浩無邊
錦水細不見蠻江清更鮮奔騰過佛脚曠蕩造平川
野市有禪客釣臺尋暮烟相期定先到久立水潺潺
是日期鄉僧宗一會別釣魚臺下

犍為王氏書樓

樹林幽翠滿山谷樓觀突兀起江濱云是昔人藏書
處磊落萬卷今生塵江邊日出紅霧散綺窗畫閣青

氛氲山猿悲嘯谷泉響野鳥嘐戛巖花春借問主人今何在被甲遠戍長苦辛先登搏戰事斬級區區何者為三墳書生古亦有戰陣葛巾羽扇揮三軍古人不見悲世俗回首蒼山空白雲

過宜賓見夷中亂山

江寒晴不知遠見山上日朦朧含高峰晃蕩射峭壁横雲忽飄散翠樹紛歷歷行人挹孤光飛鳥投遠碧蠻荒誰復愛穠秀安可適豈無避世士高隱鍊精魄誰能從之遊路有豺虎迹

夜泊牛口

日落江霧生繫舟宿牛口居民偶相聚三四依古柳
負薪出深谷見客喜且售煑蔬為夜飡安識肉與酒
朔風吹茅屋破壁見星斗兒女自咿憂亦足樂且久
人生本無事苦為世味誘富貴耀吾前貧賤獨難守
誰知深山子甘與麋鹿友置身落蠻荒生意不自陋
今予獨何者汲汲强奔走

牛口見月

掩窓寐已𤀹月脚垂孤光披衣起周覽飛露洒我裳
山川同一色浩若涉大荒幽懷耿不寐四顧獨彷徨
忽憶丙申年京邑大雨霶蔡河中夜決横浸國南方

車馬無復見紛紛操栰郎新秋忽已晴九陌尚汪洋
龍津觀夜市燈火亦煌煌新月皎如畫踈星弄寒芒
不知京國喧謂是江湖鄉今年牛口渚見月重淒涼
却思舊遊處滿陌沙塵黄

舟中聽大人彈琴

彈琴江浦夜漏永斂衽竊聽獨激昂風松瀑布已清
絶更愛玉珮聲琅璫自從鄭衛亂雅樂古器殘缺世
已忘千年寥落獨琴在有如老仙不死閲興亡世人
不容獨反古強以新曲求鏗鏘微音淡弄忽變轉數
聲浮脆如笙簧無情枯木今尚爾何況古意墮渺茫

江空月出人響絶夜闌更請彈文王

洎南牛口期任遵聖長官到晩不及見復

来

江上有微徑深榛煙雨埋崎嶇欲取别不見又重来

下馬未及語固已慰長懐江湖渉浩渺安得與之偕

江上看山

船上看山如走馬倏忽過去數百群前山槎牙忽變

態後嶺雜遝如驚奔仰看微逕斜繚繞上有行人高

縹緲舟中舉手欲與言孤帆南去如飛鳥

留題仙都觀

山前江水流浩浩山上蒼蒼松柏老舟中行客去紛紛古今換易如秋草空山樓觀何崢嶸真人王遠陰長生飛符御氣朝百靈悟道不復誦黄庭龍車虎駕来下迎去如旋風摶紫清真人厭世不回顧世間生死如朝暮學仙度世豈無人飡霞絶粒長辛苦安得獨從逍遥君泠然乗風駕浮雲超世無有我獨行

屈原塔 在忠州原不當有塔於此意者後人追思故為作之

楚人悲屈原千歲意未歇精魄飄何處父老空哽咽至今滄江上投飯救飢渴遺風成競渡猿叫楚山裂屈原古壯士就死意甚烈世俗安得知眷眷不忍決

南賔舊屬楚山上有遺塔應是奉佛人恐子就淪滅此事雖無憑此意固已切古人誰不死何必較考折名聲實無窮富貴亦暫熱大夫知此理所以持死節

西山詩和者三十餘人再次前韻為謝

朱顔發過如春醅胸中梨棗初未栽丹砂未易掃白髮赤松却欲參黄梅寒溪本自遠公社白蓮翠竹依崔嵬當時石泉照金像神光夜發如五臺飲泉鑒面得真意坐視萬物皆浮埃欲收暮景返田里遠泝江水窮離堆還朝豈獨羞老病自歎才盡傾空罍諸公渠渠若夏屋吞吐風月清隅隈我如廢井久不食古

氉缺落生陰苔數詩往復相感發汲新除舊寒光開
遥知二月春江闊雪浪倒卷雲峰摧石中無聲水亦
静云何觧轉空山雷欲就諸公評此句一作語要識憂
喜何從来顛求南宗一勺水往與屈賈湔餘哀

新灘

扁舟轉山曲未至巳先驚白浪横江起槎牙似雪
番番從高来一一投澗坑大魚不能上暴鬛一作𩮀灘
下横小魚散復合瀺灂如遭烹鸕鷀不敢下飛過兩
翅輕白鷺誇瘦捷揷脚還欹傾區區舟上人薄技安
敢呈只應灘頭廟賴此牛酒盈

新灘阻風

北風吹寒江来自兩山口初聞似摇扇漸覺平沙走飛雲滿嵓谷舞電穿窓牖灘下三日留識盡灘一作山前叟孤舟倦鵶軋短纜困牽揉嘗聞不終朝今此何其久只應留遠人此意固亦厚吾今幸無事閉户為飲酒

昭君村

昭君本楚人艷色照江水楚人不敢娶謂是漢妃一作家子誰知去鄉國萬里為胡鬼人言生女作門楣昭君當時憂色衰古来人事盡如此反覆縱横安可知

黄牛廟

江邊石壁高無路上有黄牛不服箱廟前行客拜且舞擊鼓吹簫屠白羊山下耕牛苦磽确兩角磨崖四蹄濕青芻半束長苦飢仰看黄牛安可及

蝦蟇培

蟇背似覆盂蟇頤如偃月謂是月中蟇開口吐月液根源来甚遠百尺蒼崖裂當時龍破山此水隨龍出入江江水濁猶作深碧色禀受苦潔清獨與凡水隔豈惟煮茶好釀酒應無敵

留題峡州甘泉寺 姜詩故居

輕舟横江来弔古悲純孝逶迤尋遠迹婉孌見遺貌
清泉不可挹涸盡空石窖古人飄何之唯有風竹鬧
行行翫村落户户懸網罩民風坦和平開户夜無鈔
叢林富筍茹平野絶虎豹嗟哉此樂鄉無乃姜子教

寄題清溪寺（在峽州鬼谷子之故居）

口舌安足恃韓非死説難自知不可用鬼谷乃真姦
遺書今未亡小數不足觀秦儀固新學見利不知患
嗟時無桓文使彼二子顛死敗無足怪夫子固使然
君看巧更窮不若愚自安遺宫若有神頷首然吾言

赴嶺表過金陵蔣山泉老名食阻雨不及

往

今日江頭天色惡礮車雲起風雨作（一作欲）獨望鍾山

㕶寳公雲間白塔如孤鶴寳公骨冷㕶不聞却有老

泉来喚人電睅虎齒霹靂舌為余吹散千峰雲南行

萬里亦何事一酌曹溪知水味他年若畫蔣山圖為

作泉公喚居士

荆門惠泉

泉源從高来走下隨石脉紛紛白沫亂隱隱蒼崖拆

縈回成曲沼清澈見肝膈潨瀉為長溪奔駛蕩蛙蟈

初開不容椀漸去已如帛傳聞此山中神物懶（一作頻）

遭謫不能致雷雨灎灎吐寒碧遂令山前人千古灌稻麥

次韻荅荆門張都官維見和惠泉詩

楚人少井飲地氣常不洩蓄之為惠泉坌若有所折泉源本無情豈問濁與澈貪愚彼二水終古耻莫雪只應所處然遂使語異別泉旁平地衍泉上山嵽嵲君子慎所居此義安可闕古人貴言贈敢用况高節不為冬霜乾肯畏夏日烈泠泠但不已海遠要當徹

浰陽早發

富貴本先定世人自榮枯囂囂好名心嗟我豈獨無

不能便退縮但使進少徐我行念西國已分田園蕪
南来竟何事碌碌随商車自進苟無補乃是懶且愚
人生重意氣出處夫豈徒永懷江陽叟種藕春滿湖

夜行觀星

天高夜氣嚴列宿森就位大星光相射小星鬧若沸
天人不相干嗟彼本何事世俗強指擿一一立名字
南箕與北斗乃是家人器天亦豈有之無乃遂自謂
迫觀知何如遠想偶有以茫茫不可曉使我長歎喟

漢水

捨棹忽逾月沙塵困遠行襄陽逢漢水偶似蜀江清

蜀江固浩蕩中有蛟與鯨漢水亦云廣欲涉安敢輕文王化南國遊女儼如卿洲中浣沙子環珮鏘鏘鳴古風隨世變寒水空泠泠過之不敢慢佇立整冠纓

萬山

西行度連山北出臨漢水漢水蹙成潭旋轉山之趾禪房久已壞古甃含清泚下有仲宣欄綆刻深容指回頭望西北隱隱龜背起傳云古隆中萬樹桑柘美月烱轉山曲山上見洲尾綠水帶平沙盤盤如抱珥山川近且秀不到懶成恥問之安能詳畫地費簪箠

隆中

諸葛来西國千年愛未衰今朝遊故里蜀客不勝悲

誰言襄陽野生此萬乘師山中有遺貌矯矯龍之姿

龍蟠山水秀龍去淵潭移空餘蜿蜒迹使我寒涕垂

竹葉酒

楚人汲漢水釀酒古宜城春風吹酒熟猶似漢江清

耆舊何人在丘墳應已平惟餘竹葉在留此千古情

鯿魚

曉日照江水遊魚似玉瓶誰言鮮縮頸貪餌每遭烹

杜老當年意臨流憶孟生吾今又悲子輟筯涕縱横

望夫臺 在忠州南數十里

山頭孤石遠亭亭江轉船回石似屏可憐千古長如
昨船去船來自不停浩浩長江赴滄海紛紛過客似
浮萍誰能坐待山月出照見寒影高伶俜

永安宮 今夔之永安門即宮之遺趾

千古陵谷變故宮安得存徘徊問耆老惟有永安門
遊人雜楚蜀車馬晚喧喧不見重樓好誰知昔日尊
吁嗟蜀先主兵敗此亡魂只應法正死使公去遭燔

八陣磧

平沙何茫茫髣髴見石蕝縱橫滿江上歲歲沙水齧
孔明死已久誰復辨行列神兵非學到自古不留訣

至人已心悟後世徒妄說自從漢道衰蜂起盡姦傑
英雄不相下禍難久連結驅民市無煙戰野江流血
萬人賭一擲殺盡如沃雪不為久遠計草草常無法
孔明最後起意欲掃群孽崎嶇事節制隱忍久不決
志大遂成迂歲月去如瞥六師紛未整一旦英氣折
唯餘八陣圖千古壯夔峽

諸葛鹽井井有十四自山下至山上其十三井常空鹹夏水漲則鹽泉迤邐還去常去於江水之所不及

五行水本鹹安擇江與井如何不相入此意復誰省
人心固難足物理偶相逞猶嫌取未多井上無閑綆

潁大夫廟

人情難強回天性可微感世人爭曲直苦語費搖撼
大夫言何柔暴主意自慘荒祠旁孤冢古隧有殘坎
千年惟茅焦世亦貴其膽不解此微言脫衣徒勇敢

許州西湖

西湖小雨晴灩灩春渠長來從古城角夜半傳新響
使君欲春遊浚沼役千掌紛紜具畚鍤鬧若蟻運壤
夭桃弄春色生意寒猶怏唯有落殘梅標格若矜爽
遊人坌已集挈榼三且兩醉客臥道傍扶起尚偃仰
池臺信宏麗貴與民同賞但恐城市歡不知田野愴

潁川七不登野氣長蒼莽誰知萬里客湖上獨長想

江上值雪效歐陽體限不以鹽玉鶴鷺絮

蝶飛舞之類為比仍不使皓白潔素等字

縮頸夜寒知凍龜雪来唯有客先知江邊曉起浩無

際樹杪風多寒更吹青山有似少年子一夕變盡滄

浪髭方知陽氣在流水沙上盈尺江無澌隨風顛倒

紛不擇下滿坑谷高陵危江空野闊落不見入戶但

覺輕絲絲沾裳細看若刻一作巧鏤豈有一一天工為

霍然一麾遍九野吁此權柄誰執持世間苦樂知有

幾今我幸免沾膚肌山夫只見壓樵擔豈知帶酒飄

歌兒天王臨軒喜有麥宰相獻壽嘉及時凍吟書生筆欲折夜織貧女寒無韓高人著屐踏冷冽飄拂巾帽真仙姿野僧斫路出門去寒液滿鼻清淋漓洒袍入袖濕靴底亦有執版趍堦墀舟中行客何所愛頗得獵騎當風披草中咻咻有寒兎孤隼下擊千夫馳敲氷煮麋最可樂我雖不飲強倒巵楚人自古好弋獵誰能往者我欲隨紛紜旋轉從滿面馬上操筆爲賦之

渚宮

渚宮寂寞依古郢楚地荒茫非故基二王臺閣已凾

莽湘東王高氏何況遠問縱横時楚王獮罷擊靈鼓猛士
操舟張水嬉釣魚不復數魚鼈大鼎千石烹蛟螭當
時郢人架宫殿意思絶妙般與倕飛樓百尺照湖水
上有燕趙千娥眉臨風揚揚意自得長使宋玉作楚
詞秦兵西来取鍾簴故宫禾黍秋離離千年壯觀不
可復今之存者蓋已卑池空野迥樓閣小惟有深竹
藏狐狸臺中絳帳誰復見臺下野水鴨一作浮清漪緑
囱朱户春晝閉想見深屋彈朱絲腐儒亦解愛聲色
何用白首談孔姬沙泉半涸艸堂在破窓無紙風颸
颸陳公蹤跡最未遠七瑞寥落今何之百年人事知

幾變直恐荒廢成空陂誰能為我訪遺迹草中應有湘東碑

出峽

入峽喜巉岩出峽愛平曠吾心淡無累遇境即安暢東西徑千里勝處頗屢訪幽尋遠無厭高絶每先上前詩尚遺略不録久恐忘憶從巫廟回中路寒泉漲汲歸真可愛翠碧光滿盎忽驚巫峽尾岩腹有穿壙仰見天蒼蒼石室開南嚮宣尼古廟宇叢木作幃帳鐵楯横半空俯瞰不計丈古人誰架構下有不測浪石竇見天囷瓦棺悲古葬新灘阻風雪村落去携杖

亦到龍馬溪茆屋沽村醸玉䖈悔不至實為舟人誑
聞道石最奇寤寐見恠狀峡山富奇偉得一知幾喪
苦恨不知名歴歴但想像今朝脱重險楚水渺平蕩
魚多客庖足風順行意王追思偶成篇聊助舟人唱

神女廟

大江從西來上有千仭山江山自環擁恢詭富神姦
深淵鼉鼈横（去聲）巨壑蛇龍頑旌陽斬長蛟雷雨移蒼
灣蜀守降老蹇至今帶連環縱横若無主蕩逸侵人
寰上帝降瑶姬來處荆巫間神仙豈在猛玉座幽且
閑飄飄蕭駕風馭弭節朝天闕倏忽巡四方不知道里

皽古粧具法服邃殿羅煙鬟百神自奔走雜沓来趨
班雲興靈怪聚雲散鬼神還茫茫夜潭靜皎皎秋月
彎還應揺玉佩来聽水潺潺

巫山

瞿塘迤邐盡巫峡崢嶸起連峰稍可怪石色變蒼翠
天工運神巧漸欲作奇偉坱軋勢方深結構意未遂
旁觀不暇瞬步步造幽邃蒼崖忽相逼絶壁凛可悸
仰觀八九頂俊爽凌顥氣晃蕩天宇高崩騰江水沸
孤超死不讓直拔勇無畏攀縁見神宇䠠坐就石位
巉巉隔江波一一問廟吏遥觀神女石綽約誠有以

俯首見斜鬟拖霞弄脩帔人心隨物變遠覺含深意
野老咲吾旁少年嘗屢至去隨猿猱上反以繩索試
石笋依孤峰突兀殊不類世人喜神恠論説驚幼稚
楚賦亦虛傳神仙安有是次問掃壇竹云此今尚爾
翠葉紛下垂婆娑緑鳳尾風来自偃仰若為神物使
絶頂有三碑詰曲古篆字老人那解讀偶見不能記
窮探到峰背採斫黄楊子黄楊生石上堅瘦紋如綺
貪心去不顧澗谷千尋縋山高虎狼絶深入坦無忌
洪濛艸樹密蔥蒨雲霞膩石竇有洪泉甘滑如流髓
終朝自盥漱冷冽清心胃浣衣掛樹梢磨斧就石鼻

徘徊雲日晚歸意念城市不到今十年衰老筋力憊
當時伐殘木牙蘖已如臂忽聞老人説終日為嘆喟
神仙固有之難在忘勢利貧賤爾何愛棄去如脱屣
嗟爾苦無還絶粮應不死

觀大水望朝陽巖作

朝陽巖前不結廬下眺江水百步餘春泉濺濺出乳
竇青莎白石半洿涂不到津頭二三日誰知江水漲
天墟遥望横盃不敢濟巖口正有人罾魚

滄洲亭懐古

湘水悠悠天際来夾江古木抱山田城中人物若可

數日晏市散多蒼苔九嶷巉天古雲埋遥想帝子龍
車廻心衰目極何可望九歌寐寂令人哀

栢家渡

栢家渡西日欲落青山上下猿鳥樂欲因新月望吴
雲遥看北斗掛南嶽一夢憎憎四十秋古人不死終
未休艸舍蕭條誰與語香風欲過白蘋洲

清遠舟中寄耘老

小寒初渡梅花嶺萬壑千岩背人境清遠聊為泛宅
行一夢分明墮鄉井覺来滿眼是湖山鴨緑波揺鳳
凰影海陵居士無雲梯歲晚結廬纇水湄山腰自懸

蒼玉珮野馬不受黃金羈門前車蓋獵獵走笑倚清流數髮鬓絲汀洲相見春風起白蘋吹花散烟水萬里飄蓬未得歸目斷滄浪淚如洗北鴈南来遺素書苦言大浸没我廬清齋十日不燃鼎曲突往往巢龜魚今年玉粒賤如水青銅欲買囊已虚人生百年如寄爾七十朱顔能有幾有子休論賢與愚倪生枉却帶經鋤天南看取東坡叟可是平生廢讀書

書堂嶼

蒼山古木書堂嶼北出湘川百餘步誰為往来虧世界至今人指安禪處豈無鷥蚍與飛鳥後来那復知

其趣不知我身今是否空記名稱作常住

次履常臘梅韻

天工點酥作梅花此有臘梅禪老家蜜蜂采花作黄蠟取蠟爲花亦其物天工變化誰得知我亦兒嬉作小詩君不見萬松嶺上黄千葉玉蕊檀心兩奇絶醉中不覺度千山夜聞梅香失醉眠歸来却夢尋花去夢裏花仙覔奇句此間風物屬詩人我老不飲當付君君行適吴我適越笑指西湖作衣鉢

醉睡者

有道難行不如醉有口難言不如睡先生醉卧此石

問萬古無人知此意

戲詠子舟畫兩竹兩鸚鴿

風晴日暖搖雙竹竹間對語鸚鴿鸚鴿之肉不可
食人生不才果為福子舟之筆利如錐千變萬化皆
天機未知筆下鸚鴿語何似夢中蝴蝶飛

老翁井

井中老翁誤年華白沙翠石公之家公來無蹤去無
跡井面團圓水生花翁今與世兩何與無事紛紛驚
牧豎改顏易服與世同無使世人知有翁

贈山谷子

黄童三尺世無雙筆頭袞袞懸秋江不憂老子難爲
父平生崛強今心降我来喜共阿戎語應敵縱橫如
急雨生子還如孫仲謀豚犬謾多何足數黄家小兒
名拾得眉如長松眼如漆只今數歲已動人老人留
眼看他日笑君老蚌生明珠自笑此物吾家無君當
置酒我當賀有兒傳業更何須
觀子玉郎中草聖
柳侯運筆如電閃子雲寒悴羊欣儉百斛明珠便可
扛此書非我誰能雙
鰒魚行

漸臺人散長弓射初啖鰒魚人未識西陵衰老繐帳空肯向北河親饋食兩雄一律盜漢家嗜好亦若肩相差食每對之先太息不因噎嘔緣瘡痂中間覇據關梁隔一枚何啻千金直百年南北鮭菜通往往殘餘飽臧獲東隨海舶號倭螺異方珎寶来更多磨沙瀹瀋成大胾剖蚌作脯分餘波君不聞蓬莱閣下駞碁島八月邊風備胡獠舶船跋浪黿鼉震長鑱鏟處崖谷倒膳夫善治薦華堂坐令雕俎生輝光肉芝石耳不足數醋芼魚皮眞倚墻中都貴人珎此味糟浥油藏能遠致割肥方厭萬錢廚決眥可醒千日醉三

韓使者金鼎来方奩饋送煩輿甚臺遼東太守遠自獻
臨菑掾吏誰為材吾生東歸收一斛色苴未肯鑽華
屋分送羨材作眼明却取細書防老讀

次韻水官詩

淨因大覺璉師以閻立本畫水官遺編禮公公
既報之以詩謂某汝亦作某頓首再拜次韻仍
録二詩為一卷以獻

水官騎蒼龍龍行欲上天手攀時且住浩若乘風船
不知幾何長足尾猶在淵下有二從臣左右乘魚黿
矍鑠相顧視風舉衣袂翻女子侍君側白頪垂雙鬟

手執雉尾扇容如未開蓮從者八九人非鬼非戎蠻出水未成列先登揚旗旜長刀擁旁牌白羽注強拳雖服甲與裳狀貌猶鯨鱣水獸不得從仰面以手扳空虛走雷霆雨雹晦九川風師黑虎囊面目昏塵煙翼從三神人萬里朝天關我從大覺師得此詭怪編畫者古闍子于今三百年見者誰不愛予者誠已難在我猶在子此理寧非禪報之以好詞何必畫在前

老泉

高人豈學畫用筆乃其天譬如善游人一一能操船闍子本逢掖疇昔慕雲淵丹青偶為戲染指初嘗黿

愛之不自已筆勢如風翻傳聞正觀中左衽鮮椎髮
南夷羞白雉佛國貢青蓮詔令擬王會别殿寫戎蠻
熊冠金絡額豹袖擁旛氈傳入應門內俯伏脫劍拳
天姿儼龍鳳雜沓朝鵬鱣神功與絶跡後世兩莫扳
自從李氏亡群盗竊山川長安三日火至寶隨飛煙
尚有脫身者漂流出東關三官豈容獨得此今已編
吁嗟至神物會合當有年京城諸權貴欲取百計難
贈以玉如意豈能動高禪信應一篇詩皎若晝在前

吊徐德占

余初不識德占但聞其初為吕惠卿所薦以處

士用元豐五年三月偶以事至蘄水德占聞余

在傳舍惠然見訪與之語有過人者是歲十月

聞其遇禍作詩吊之

美人種松柏欲使低暎門栽培雖易長流惡病其根

哀哉歲寒姿骯髒誰與倫竟為明所悞不免刀斧痕

一遭兒女汚始覺山林尊從来覔棟梁未免傍籬藩

南山隔秦嶺千樹龍虵奔大厦若果傾萬牛何足言

不然老巖壑合抱枝生孫死者不可悔吾將遺後昆

題李伯時淵明東籬圖

彼哉嵇阮曹終以明自膏靖節固昭曠歸来侶蓬蒿

新霜着踈柳大風起江濤東籬理黃華意不在芳醪白衣挈壺至徑醉還遊遨悠然見南山意與秋氣高

李白謫仙詩

我居青空裡君隱黃埃中聲形不相弔心事難形容欲乘明月光訪君開素懷天盃飲清露展翼登蓬萊佳人持玉尺度君多少才玉尺不可盡君才無時休對面一笑語共躡金鼇頭絳宫樓闕百千仞霞衣誰與雲煙浮

數日前夢一僧出二鏡求詩僧以鏡置日中其影甚異其一如芭蕉其一如蓮花夢

中與作詩

君家有二鏡光景如湛盧或長如芭蕉或圓如芙蕖
飛電着子壁明月入我廬月下合三壁日月跳明珠
問子是非我我是非文殊

飲酒四首

我觀人間世無如醉中眞虛空為銷殞况乃百憂身
惜哉知此晚坐令華髮新聖人驟難得日且致賢人
左手持蟹螯舉觴矚雲漢天生此神物為我洗憂患
山川同恍惚魚鳥共蕭散客至壺自傾欲去不得間
有客遠方来酌我一甌茗我醉方不啜強啜忽復醒

既鑿渾沌氏遂遠華胥境操戈逐儒生舉觴還酩酊雷觴淡於水経年不濡唇爰有擾龍裔為造英靈春英靈韻甚高蒲萄難與鄰他年血食汝當配杜康神

大雪獨留尉氏

古驛無人雪滿庭有客冒雪来自北紛紛笠上已盈寸下馬登堂面蒼黑苦寒有酒不能飲見之何必問相識我酌徐徐不滿觥看客倒盡不留瀝千門晝閉行路絶相與笑語不知夕醉中不復問姓名上馬忽去横短策

阮籍嘯臺在尉氏

阮生古狂達遁世默無言猶餘胸中氣長嘯獨軒軒
高情遺萬物不與世俗論登臨偶自寫激越蕩乾坤
醒爲嘯所嗤飲爲醉所昏誰能與之較亂世足自存

留别炢通元弼坦夫

田三昔同寮向我每傾倒當年或齟齬反覆看愈好
寇三我部民孝悌化鄰保有如袁伯業苦學到衰老
石生吾邑子勁立風中草宦遊甑生塵菽水媚翁媪
我窮交舊絶計拙集枯槁三子尤見存往復紛紵縞
迎我淮水北送我睢陽道頗存金石契漂漂貫華皓
余歸自道場何山遇大風因憩耘老溪亭

命官奴秉燭捧硯寫風竹一枝題詩云

更將掀舞勢把燭畫風篠美人為破顏憐此腰肢裊

和寄天選長官

寓形宇宙間佚我方以老流光安足恃百歲同過鳥

頃予縈綱羅文采緣自表自古山林人何曾識機巧

但記寒岩翁論心秋月皎黄香十年舊禪學參衆妙

虛懷養天和宵徇奔走鬧官居職事理晨起何用早

桐陰滿西齋叱吏供灑掃眷予東南来野飯煮芹蓼

褖光既清尚令尹亦高蹈相將古寺行軟語類晚照

公家有畸人公有族人隱嵩山虛緣能自保卜築嵩山陽何

（一作行）當從結好中山饒勝景一覽未易飽何時命巾車共陟雲外嶠翻然（一作思）筋力疲不復追踴跳公詩擬南山雄拔千丈峭形容逼天眞邂逅識其要藩籬吾未窺敢議窮閫奥

昭陵六馬唐文皇戰馬也琢石象之立昭陵前客有持此石本示予為賦之

天將剗隋亂帝遣六龍來森然風雲姿颯爽毛骨開飈馳不及視山川儼莫回長鳴視八表擾擾萬駑駘秦王龍鳳姿魯鳥不足摧腰間大白羽中物如風雷區區數豎子搏取若提孩手持掃天　六合如壓埃

艱難濟大業一一非常才維時六驥足績與英衛陪
功成鏘八鑾王輅行天街荒涼昭陵闕古石埋蒼苔

顏闔

顏闔古有道躬耕自衣食區區魯小邦不足隱明德
軺軒来我門聘幣繼金璧出門應使者耕稼不謀國
但疑誤將命非敢憚行役使者反錫命户庭空履迹
薄俗徇世榮截趾履之適所重易所輕隋珠彈飛翼
伊人畏照影獨往就陰息鼎俎薦忠賢誰能死燔炙
念彼蔵皮冠安知獲尭客

送朱壽昌使蜀七首

藹藹青城雲娟娟蛾眉月隨我西北来照我光不滅
我在塵土中白雲呼我歸我游江湖上明月濕我衣
岷峨天一方雲月在我側謂是山中人相望了不隔
夢尋西南路默數長短亭似聞嘉陵江跳波吹枕屏
送君無一物清江飲君馬路穿慈竹林父老拜馬下
不用驚去裝使者我友生聽訟如家人細說為汝評
若逢山中友問我歸何日為話腰脚輕猶堪弄泉石

贈狄崇班季子

狄生臂鷹来見客不會揖踞床咤得雋借筋數禽入
短後掬豹裘猶濺猩血濕指呼索酒嘗快作長鯨吸

半酣論刀槊怒髮欲起立北方老猘子狂突尚不縶
要須此慓悍氣壓邉鋒急夜走追鋒車生斬活離級
持歸獻天王封侯穩可拾何為走獵師日使群毛泣

題盧鴻學士堂圖

昔為太室花盧岩在東麓直上登封壇一夜蜃生足
徑歸不復往巒壑空在目安知有千老舒卷不盈軸
一處一盧生裘褐蔭喬木方為世外人行止何須録
百年入篋笥犬馬同一束嗟予縛世累歸未有茆屋
江干百畝田清泉映脩竹尚欲逃世名豈須上圖軸

蘆

蘆筍初似竹稍開葉似蒲方春即抱甲漸老根生鬚
不愛當夏緑愛此及秋枯黃葉倒風雨白花揺江湖
江湖不可到移植當勤劬安得雙野鴨飛来成畫圖

寄周安孺茶

大哉天宇内植物知幾族靈品獨標奇迥超凡草木
名從姬旦始漸播桐君録賦詠誰最先厥傳惟杜育
唐人未知好論著始於陸常李亦清流當年慕高躅
遂使天下士嗜此偶於俗豈但中土珍兼之異邦鬻
鹿門有佳士博覽無不矚邂逅天随翁篇章互賡續
開園顧山下屏跡松江曲有興即揮毫燦然存簡牘

伊予素寡愛嗜好本不篤越自少年時低回客京轂
雖非曳裾若庇廕或華屋頗見綺紈中齒牙厭粱肉
小龍得屢試糞土視珠玉團鳳與葵花碔砆雜魚目
貴人自矜惜捧玩且緘櫝未數日注甲定知雖入井辱
於茲自研討至味識五六自爾入江湖尋僧訪幽獨
高人固多暇探究亦頗熟閒道早春時攜籯赴初旭
驚雷未破蕾采采不盈掬旋洗玉泉蒸芳馨豈停宿
須臾布輕縷火候謹盈縮不憚頂間勞經時廢藏蓄
髹筒淨無染箬籠勻且複苦畏梅潤侵暖須人氣燠
有如剛耿性不受纖芥觸又若廉夫心難將微穢瀆

晴天敞虛府石碾破輕緑永日遇閑賔乳泉發新馥
香濃奪蘭露色嫩欺秋菊閩俗競傳誇豐腴面如粥
自云葉家白頗勝中山醁好是一杯深午窓春睡足
清風擊兩腋去欲淩鴻鵠嗟我樂何深水經亦屢讀
■子咤中泠次乃康王谷嚩培頃曾嘗瓶罌走僮僕
如今老且懶細事百不欲美惡兩俱忘誰能強追逐
薑鹽拌白土稍稍從吾蜀尚欲外形體安能徇心腹
由来薄滋味日飯止脱粟外慕既已矣胡為此羈束
昨日散幽步偶上天峰麓山圃正春風蒙茸萬旗簇
呼兒為佳客採製聊亦復地僻誰我從包藏置厨簏

何嘗較優劣但喜破睡速況此夏日長人間正炎毒
幽人無一事午飯飽蔬蔌困卧北窓風風微動囱竹
乳甌十分滿人世眞局促意爽飄欲仙頭輕快如沐
昔人固多癖我癖良可贖爲問劉伯倫胡然枕糟麴
余自城中還道中雲氣自山中来如群馬
奔突以手掇開籠收其中歸家雲盈籠開
而放之作攓雲篇
物役會有時星言從高駕道逢南山雲欻吸如電過
竟誰使令之衮衮從空下龍移相排擻鳳舞或頽亞
散爲東郊霧凍作枯樹稼或飛入吾車偪仄人肘胯

摶取置筒中提携反茅舍開緘仍放之掣去仍變化

雲予汝歸山無使達官怕

游山呈通判承議寫寄參寥師

煌煌世胄餘夫子非禄禄由来有詩書所以能絶俗

得官本河朔瓜期未易促扁舟下南来逸駕追鳴鵠

遇勝即倘佯風餐兼露宿嗟予偶傾蓋一唉外羈束

杖策每過從相携訪山谷東風披鮮雲繡錯出林麓

松門有時盡幽景無斷續崖轉聞鍾聲林踈見華屋

衡山餘落景歸迹猶躑躅誰云鄰下歡往事不可復

吾曹二三事取樂亦云足願公寄新詩一一能見録

船頭行北歸囊槖有美玉塵埃京洛人亦與洗心目

和郭功父韻送芝道人游隱静

觀音妙智力應感随縁度芝師訪東坡霊辯萬里步
道義偶相契十年同去住行窮半世間又欲浮杯渡
我顛焚囊鉢不作陳俗具會取却歸時只是而今路

次韻魯直戲贈

昨夜試微涼汗衾初退紅我顛随秋風随身入房櫳
君王不好事只作好鷩鴻細看卷蠆尾我家眞栗蓬

夜坐與邁聯句

清風来無邉明月翳復吐自　松㪍滿虚空竹影侵半

户邁暗枝有鵞鶡壞壁鳴飢鼠自露葉耿高梧風螢
落空廡邁微凉感團扇古意歌白紵自樂哉今夕游
復此陪杖屨邁傳家詩律細已自過宗武短詩膝下
成聊以慰懷祖自

寄傲軒

先生英妙年一掃千兎秃仕進固有餘不肎踐場屋
通闤何所傲傲名非傲俗定知軒冕中亭榮不償辱
豈無自安計得失猶轉轂先生獨揚揚憂患莫能瀆
得如虎挾乙失若龜藏六茅簷聊寄寓俛仰亦自足
東坡無邊春方寸盡藏蓄醉哦旁若無獨侑一樽醁

床頭車馬道殘月掛踈木朝客紛擾時先生睡方熟

榆

我行汴堤上厭見榆陰緑千株不盈畝斬伐同一束
及居幽囚中亦復見此木蠹皮溜秋雨病葉埋墻曲
誰言霜雪苦生意殊未足坐待春風至飛英覆空屋

槐

憶我初來時艸木向衰歇高槐雖驚秋晚蟬猶抱葉
淹留未云幾離離見踈莢栖鴉寒不去哀叫飢啄雪
破巢帶空枝踈影掛殘月豈無兩翅羽伴我此愁絶

竹

今日南風来吹亂庭前竹低昂中音會甲刃紛相觸
蕭然風雪意可折不可辱風霽竹已(一作亦)回猗猗散
青玉故山今何有秋雨荒籬菊此君知健否歸掃南
軒曲

栢

故園多珎木翠栢如蒲葦幽因無與樂百日看不已
時来拾流膠(一作肪)未忍踐落子當年誰所種少長與
我齒仰視蒼蒼幹所閱固多矣應見李将軍膽落温
御史

問淵明(或曰東坡此詩與淵明反此非知言也盖亦相引以造意言者未始)

子知神非形何復異人天豈惟三才中所在靡不然　相非也元祐五年十月日
我引而高之則為星斗懸我散而卑之寍非山與川
三皇雖云沒至今在我前八百要有終彭祖非永年
皇皇謀一醉發此露槿妍有酒不辭醉無酒斯飲泉
立善求我譽飢人食饞涎委運憂傷生憂（一作運）去生
亦遷縱浪大化中正為化所纏應盡便須盡寍復事
此言

題雲龍草堂石磬

折為瞽郵腰懸作山人室殊非濮上音信是泗濱石

朱亥墓

昔日朱公子雄豪不可追今來遊故國大塚屈稱兒平日輕公相千金棄若遺梁人不好事名字寄當時魯史盜齊豹求名誰復知慎無怨世俗猶不遭仲尼

嚴顏碑

先主反劉璋兵意頗不義孔明古豪傑何乃爲此事劉璋固庸主誰爲死不二嚴子獨何賢談笑傲碪几國亡君已執嗟子死誰爲何人刻山石使我空涕淚呼嗟斷頭將千古爲病悸

峴山

遠客来自南游壓昏峴首過闗無百步曠蕩呑楚藪
登髙忽惆悵千載意有偶所憂誰復知嗟我生苦後
團團山上檜歲歲閱榆柳大才固已殊安得同永久
可憐山前客倏忽星過霤賢愚未及分来者當自剖

驪山

君門如天深幾重君王如帝坐法宮人生難處是安
穩何為来此驪山中複道淩雲接金闕樓觀隱煙横
翠空林深霧暗迷入駿朝東暮西勞六龍六龍西幸
峨眉棧悲風便入華清院霓裳蕭散羽衣空麋鹿来
游猿鶴怨我上朝元春半老滿地落花無人掃羯鼓

樓高掛夕陽長生殿古生青草可憐吴楚兩醯雞築臺未就已堪悲長楊五柞漢幸免江都樓成隋自迷由来留連多喪國宴安酖毒因奢惑三風十愆古所戒不必驪山可亡國

和子由除日見寄

薄宦驅我西遠別不容惜方愁後會遠未暇憂歲夕強歡雖有酒冷酌不成席秦烹惟羊羹隴饌有熊腊念為兒童歲屈指已成昔往事今何追忽若箭已釋感時嗟事變所得不償失府卒来驅儺矍鑠驚遠客愁来豈有魔煩汝為攘磔寒梅與凍杏嫩萼初似麥

攀條為惆悵玉蘂何時折不憂春艷晚行見棄夏叢
人、生行樂耳安用聲名籍胡為獨多感不見膏自炙
詩来苦相寛子意遠可射依依見其面疑子在咫尺
兄今雖小官幸忝佐方伯北池近所鑿中有汧水碧
臨池飲美酒尚可消永日但恐詩力弱鬪健未免馘
詩成十日到誰謂千里隔一月寄一篇憂愁何足擲

次韻范淳父送秦少章

宿緣在江海世網如予何西来庚公塵已濯長淮波
十年淮海人初見一麥禾但欣爭訟少未覺舟車多
秦郎忽過我賦詩如卷阿句法本黃子二豪與揩磨

嗟我久離群逝將老西河後生多名士欲薦空悲歌
小范真可人獨肯勤收羅瘦馬識騄耳枯桐得雲和
近聞館李生病鶴借一柯贈行苦說我妙語慚蹉跎
西羌已解仇烽火連朝那坐籌付公等吾將寄潛沱

東坡續集第一卷